BEI GRIN MACHT SICH IHR WISSEN BEZAHLT

- Wir veröffentlichen Ihre Hausarbeit,
  Bachelor- und Masterarbeit

- Ihr eigenes eBook und Buch -
  weltweit in allen wichtigen Shops

- Verdienen Sie an jedem Verkauf

Jetzt bei www.GRIN.com hochladen und kostenlos publizieren

Michael A. Braun

Wie sinnvoll erscheint die Beschränkung des Empfängerkreises auf Bürgergeld auf eine bestimmte soziale Gruppe unter besonderer Betrachtung der Leichtlohnempfänger?

GRIN Verlag

Bibliografische Information der Deutschen Nationalbibliothek:

Die Deutsche Bibliothek verzeichnet diese Publikation in der Deutschen National-
bibliografie; detaillierte bibliografische Daten sind im Internet über http://dnb.d-
nb.de/ abrufbar.

Impressum:

Copyright © 2002 GRIN Verlag GmbH
Druck und Bindung: Books on Demand GmbH, Norderstedt Germany
ISBN: 978-3-640-18433-0

Wie sinnvoll erscheint die Beschränkung des Empfängerkreises auf Bürgergeld auf eine bestimmte soziale Gruppe unter besonderer Betrachtung der Leichtlohnempfänger?

Vorlesung:	**Finanzwissenschaft**	Student:	**Michael A. Braun**
Datum:	**Wintersemester 2001/2002**		
Fach:	**VWL (3. Sem.)**		
Hochschule:	**Hamburger Universität für Wirtschaft und Politik, Hamburg**		

1.0 Inhaltsübersicht

2.0 Vorbemerkungen

Seit einiger Zeit wird auch in Deutschland vermehrt das 1962 von Milton Friedman[1] ausgearbeitete Konzept der negativen Einkommensteuer diskutiert. Bereits Anfang der 70er Jahre wurde dieser Vorschlag dann konstruktiv von einigen deutschen Ökonomen[2] aufgegriffen. Hierzulande ist der Begriff 'Bürgergeld' allerdings weitaus gebräuchlicher.

Die Gründe, die stets für ein solches verbundenes System, welches Steuern und staatliche Unterstützungsleistungen umfasst, aufgeführt werden, setze ich als weitgehend bekannt voraus. Kurz skizziert handelt es sich dabei z.b. um die Vereinfachung von Vorgängen innerhalb der Verwaltungsorganisationen, sowie die damit einhergehende Verschlankung der gleichen. Des weiteren wird von den Befürwortern erwartet, dass mehr Transparenz in die derzeit weit über 100 verschiedenen Sozialleistungen[3] kommt. Außerdem soll eine zielgenauere Hilfe für wirklich Bedürftige ermöglicht und die Sozialhilfefalle, die eine Arbeitsaufnahme in vielen Fällen eher bestraft, vermieden werden. Zusätzlich wird immer angeführt, dass mit diesem kombinierten System, ein sog. Niedrig- bzw. Leichtlohnsektor ermöglicht würde. Dadurch können Beschäftigungschancen für geringqualifizierte und damit zum großen Teil Arbeitslose Mitbürgerinnen und Mitbürger[4] geschaffen werden.

In der vorliegenden Hausarbeit befasse ich mich nun mit der Frage, in wieweit es sinnvoll erscheint, den anspruchsberechtigten Personenkreis einzugrenzen. Besonders werde ich hier auf die zuletzt genannte Gruppe der Leichtlohnempfänger eingehen. Mich interessiert dabei vor allem, wie eine solche Beschränkung zur Erreichung (sozial-) politischer Ziele geeignet sein könnte. Leider kann ich meine Thesen nicht empirisch nachweisen, sondern nur auf Grund meiner Literaturrecherche verdeutlichen.

Die Hausarbeit ist in verschiedene Teilbereiche gegliedert. Zu Beginn stelle ich das Bürgergeldsystem in seiner gebräuchlichsten Form nochmals kurz dar. Dann gehe ich auf mögliche Ausgestaltungsvarianten ein und leite zu potentiellen Beschränkungsparametern über. Dabei gehe ich nur auf eine Beschränkung von Seiten der Adressaten ein. Abschließend folgen meine Schlussbemerkung, die Literaturangaben und der Anhang. Hierin versuche ich die Hausarbeit durch Schaubilder anschaulicher darzustellen.

---

[1] Friedman, M. (1962) – 'Capitalism and Freedom'
[2] Engels, W. / Mitschke, J. / Starkloff, B. (1974) – 'Staatsbürgersteuer'
[3] Bundesministerium der Finanzen – Telefonat mit einer Mitarbeiterin des Besucherdienstes
[4] Der besseren Lesbarkeit wegen verzichte ich künftig auf die politisch korrekte Schreibweise. Stattdessen verwende ich stets die maskuline Form; diese beinhaltet jedoch selbstverständlich auch alle entsprechenden Frauen.

3.0 Bürgergeld, was ist das? Eine kurze Einführung.

Das Bürgergeld steht für ein vereinfachtes Steuer- und Sozialsystem. Es soll die unterschiedlichsten Leistungen unseres heutigen Systems miteinander vereinen. Diese sollen dann, möglichst kostenneutral, in das für alle Mitglieder unserer Gesellschaft geltende Bürgergeldsystem integriert werden. Dabei werden Leistungen wie Sozialhilfe, Arbeitslosenhilfe, Wohngeld, BAföG usw. zum positiven Bürgergeld zusammengefasst. Die Lohn- bzw. Einkommensteuer hingegen bilden das negative Bürgergeld. Ob man positiv Bürgergeld bekommt oder negativ bezahlen muss bemisst sich nach dem individuellen Einkommen. Das Finanzamt[5] soll dann zukünftig die einzige Regulierungsstelle sein. Dort geben die Bürger ihre jeweilige Steuererklärung ab und werden ihrer Lebenssituation sowie den gesetzlichen Vorgaben entsprechend veranlagt. Hierbei sind weder zahllose Anträge notwendig, noch unterschiedliche Stellen aufzusuchen. Die Grenzen der Steuerzahlungen respektive der sozialen Unterstützungsleistungen berechnen sich hierbei nach dem politisch festgelegten Existenzminimum. Überschreitet der Einzelne diese Grenze, wird er wie oben beschrieben steuerpflichtig. Liegt er darunter, bekommt er vom Staat den Zuschuss. So erklärt sich auch der Ausdruck der 'negativen Einkommensteuer'.[6]

Streitpunkt ist jedoch stets die Höhe der Quote, mit der eigene Zusatzeinkünfte dann auf die Einkommenstransfers angerechnet werden sollen. Hiervon hängt die Nachfrage nach Arbeitsplätzen ab, der Umfang der Schwarzarbeit in unserer Gesellschaft und natürlich auch das durch die staatlichen Haushalte aufzubringende Finanzierungsvolumen. Bei der Konzeption ist jedoch wichtig, dass dem Empfänger genügend geldliche Anreize für einen selbstorganisierten und steuerehrlichen Zusatzverdienst bleiben. Heute würde oft ein beträchtlicher Teil dieses Zusatzverdienstes durch eine geringere Unterstützungsleistung wieder neutralisiert werden. Außerdem fallen viele Leistungen bei Überschreitung bestimmter Grenzen ganz weg. So könnte es z.B. sein, dass durch ein leicht höheres Bruttogehalt netto weit weniger übrig bleibt.[7] Damit erscheint das heutige System jedoch nicht geeignet, einen Anreiz für Zusatzverdienste zuschaffen.

---

[5] Fachbegriff: Finanzamtslösung
[6] Vgl. im Anhang: 'Positiver vs. negativer Bürgergeldsatz'
[7] Dieser Umstand wird 'Brutto-Netto-Umkehrung' genannt.

4.0 Mögliche Ausgestaltungsvarianten

Grundsätzlich könnte beim Bürgergeld eine beeindruckende Vielfalt an unterschiedlichen Variationsmöglichkeiten[8] angewandt werden. Diese differieren jedoch sowohl nach der politischen Sichtweise der jeweiligen Person, die den Begriff verwendet, als auch der jeweiligen Motivation, die dahinter steckt.

Hier stellt sich nun die Frage, ob nur steuer- oder auch beitragsfinanzierte Leistungen integriert werden sollen. Des weiteren ist auch beim Umfang des Bürgergeldes vieles möglich. Es sei an die im Vorwort genannten zahlreichen Sozialleistungen erinnert. Hier könnte dann darüber nachgedacht werden, ob nur Subjektsubventionen wie Kindergeld, BAföG o.ä. berücksichtigt werden. Zusätzlich ließen sich auch bei der Höhe des zugrunde gelegten Einkommens, der Art der Subventionierung (direkt, indirekt) sowie deren Dauer unterschiedliche Ziele verfolgen.

In dem im Anhang aufgeführten Schaubild ist besonders gut die Korrelation zwischen dem jeweiligen Empfänger und dem dahinterstehenden resp. Beabsichtigten Ziel zu erkennen. Allerdings könnten auch hier unterschiedliche Ausgestaltungsmöglichkeiten vorgenommen werden. So sind z.B. auch beim Bezugszeitraum Änderungen denkbar.

Um die in den Vorbemerkungen angeführten Reformziele der Bürgergeldes zu erreichen und den Anforderungen der zahlreichen wissenschaftlichen Studien[9] zu genügen wird häufig folgendes, eher dem liberalen Spektrum zuzurechnende, Modell vorgeschlagen: Eine Senkung des Mindestsicherungsumfangs auf die Höhe des materiellen Existenzminimums sowie eine Anrechnung eigener Einkommen nur zu 50%. Dies böte Anreize, sich auch über den Bürgergeldsatz hinweg arbeitend zu betätigen. Die Sozialhilfefalle wäre umgangen.

Dem steht jedoch gegenüber, dass die Politik (parteiunabhängig) einer solch umfassenden Neuordnung des bundesrepublikanischen Gesellschaftssystems zur Zeit wenig zugetan scheint. Hier würde deshalb vieles für eine schrittweise Einführung des Bürgergeldsystems sprechen; mit der negativen Folge, dass wahrscheinlich nicht alle Vorteile sofort zur Verfügung stünden bzw. in manchen Bereichen kurzfristig sogar Nachteile entstehen.

---

[8] Vgl. im Anhang: 'Einige Ausgestaltungsmerkmale des Bürgergeldes'
[9] Nahezu jede politische Richtung, viele Wissenschaftler sowie einschlägige Verbände befassen sich mit diesem Thema.

5.0 Begrenzung des Bürgergeldes auf einzelne Gruppen

In diesem Abschnitt betrachte ich nun besonders, welche Wirkung die Einschränkung des Adressatenkreises hat. Eine solche wäre z.b. auf die folgenden Gruppen denkbar: Kinder und in Ausbildung befindliche Menschen, Familien mit Kindern, einkommensschwache Rentner und Niedriglohnempfänger.

Entsprechend der Tragweite einzelner Möglichkeiten der Beschränkung bleibt deren Definition – und Umsetzung - den politischen Führungsorganen vorbehalten. Beeinflussen die genannten Punkte doch alle das soziale Klima unserer Gesellschaft. So lassen sich mit einer entsprechenden Fixierung die Weichen der Beschäftigungs-, der Sozial- und der Steuerpolitik langfristig entscheidend verändern.

Ein auf bestimmte Bevölkerungsgruppen beschränktes Bürgergeld hätte im Unterschied zu einem Bürgergeld für alle Mitglieder der Gesellschaft nicht die positive und gewünschte Wirkung der Vereinfachung der Verwaltungsvorgänge und der Verschlankung der Verwaltungsorganisation. Die Organe müssen ja weiterhin bestehen bleiben; die nicht Bürgergeld-Anspruchsberechtigten wollen immerhin die alten Leistungen erhalten.

5.1 Kinder und in Ausbildung befindliche Menschen

Die Beschränkung auf die Gruppe der Kinder und der in Ausbildung befindlichen Menschen würde die Leistungen für einen begrenzten Teil der Bevölkerung ersetzen. Dies wäre heute z.B. Kindergeld, BaföG-Gelder, Sozialhilfe, Erziehungsgeld und Wohngeld. Da dieser Personenkreis sehr einfach erkennbar ist, würde sich eine Beschränkung hier u.U. leicht einführen lassen. Nachteilig würde sich jedoch die Frage der tatsächlichen Anspruchsberechtigung erweisen. Also wer Bezieher, heute in aller Regel die Eltern, der Leistung ist einerseits und wer andererseits wirtschaftlich Berechtigter, die Kinder, ist

5.2 Einkommensschwache Altersrentner

Die aus der demographischen Entwicklung heraus immer notwendiger werdende, beitragsbegrenzende Absenkung des Rentenniveaus wird Versorgungslücken entstehen lassen, die nur zum Teil durch eine staatlich geförderte, private Zusatzversorgung geschlossen werden können. Dort, wo das Einkommen kaum zur Deckung der laufenden Lebenshaltungskosten reicht, kann keine Kapitalansammlung für eine zusätzliche Altersvorsorge stattfinden.

Dem gegenüber steht der beschäftigungspolitisch gebotene Weg der Senkung der Lohnnebenkosten und der Sanierung der Versicherungshaushalte. Dies kann m.E. nach langfristig nur durch den Abbau versicherungsfremder Leistungen funktionieren. Die Existenzsicherung einkommensschwacher Bürger, wie z.b. Rentner mit geringer Rente, ist eine gesellschaftliche Aufgabe und nicht die einer genau abgegrenzten, durch Arbeitsverträge gebundenen, Versichertengemeinschaft.

Hier könnte nun eine Grundsicherung von Kleinrentnern durch das steuerfinanzierte Bürgergeld greifen. Die Steuerfinanzierung verteilt die Sicherungslasten auf alle Schultern und nicht nur auf die von Arbeitnehmern und Arbeitgebern. Die Koordination zwischen Rentenbezug und Bürgergeld würde sehr einfach ablaufen können. Die allgemeinen Anrechnungsregeln für geleistete Versicherungsbeiträge und deren jeweilige Gewichtung sind bekannt. Die zum Existenzminimum fehlende Differenz könnte dann jeden Monat zusätzlich bezahlt werden. Zusammengenommen ergäbe sich dann eine Art Bürgergeld.

5.3 Niedrig- bzw. Leichtlohnempfänger

Fast die Hälfte der bundesweit ca. 6,3 Millionen Arbeitslosen[10] hat laut amtlicher Statistik gar keine oder keine abgeschlossene Berufsausbildung[11]. Sie zählen damit zum Kreis der potentiellen Leichtlohnempfänger. Diesen Schluss lassen zumindest die, die Zahlen ergänzenden Ausführungen des Sachverständigenrates zu.

Der Arbeitsmarkt für Geringqualifizierte und Leichtlohnempfänger ist durch Überschuss des Arbeitsangebotes (Überhang der Nachfrage nach Arbeitsplätzen) gekennzeichnet. Allein ca. 40% (rund 700.000 Menschen) der überwiegend geringqualifizierten Sozialhilfeempfänger suchen einen Arbeitsplatz.[12] Die Arbeitsplätze, die, besonders im Dienstleistungsbereich, durch eine Niedriglohnstrategie erschlossen werden könnten, werden auf bundesweit rund 1,3 bis 1,4 Millionen geschätzt.[13] Dies ist allerdings nur das Nettobeschäftigungspotential; Gegenläufige Beschäftigungsverluste sind darin sogar bereits berücksichtigt.

---

[10] Sachverständigenrat (1997) - Schätzung der offenen und verdeckten Arbeitslosigkeit im Jahresgutachten 1997/1998
[11] Ende 1999 gab es demnach bundesweit rund 3,9 Mio. registrierte Arbeitslose, davon rund 1,5 Mio. 'ohne abgeschlossene Berufsausbildung', dies ist ein Anteil von 38,5%. Im Westen betrug dieser 45,5%; im Osten (früher Ausbildungspflicht) 21,8%.
[12] Statistisches Bundesamt (1999) - Sozialhilfestatistik zum 31.12.1998
[13] Klopfleisch/Sesselmeier/Setzer (1997)

Die wesentliche Ursache des hohen Arbeitsplatzmangels liegt in der Unvereinbarkeit von geringer Arbeitsproduktivität und hohen Arbeitskosten. Der Arbeitsproduktivitätssteigerung durch Aus- und Weiterbildung sind enge Grenzen gesetzt. Dies hat Gründe in mangelhafter Begabung bzw. ist zum großen Teil altersabhängig. Damit begründet sich auch, warum die Rationalisierungs- bzw. Automatisierungswelle durch Qualifikation nicht kompensiert wird. Letztlich werden die unteren Lohngruppen in fast allen Branchen nicht mehr besetzt.

Die gesetzlichen und tariflichen Personalzusatzkosten (Lohnnebenkosten) erhöhen nach dem Stand von 1998 die tariflichen Bruttolöhne im produzierenden Gewerbe um 81,8% in Westdeutschland und 68,1% in Ostdeutschland.[14] Auf diese Weise würde ein monatlicher Nettolohn an der Existenzgrenze i.H.v. EUR 600,00 durch den Beitrag des Arbeitnehmers zur Sozialversicherung und die Lohnnebenkosten des Arbeitgeber auf ca. EUR 1.300,00 unternehmerische Arbeitskosten steigen. Bei solchen Arbeitskosten und den vorhandenen gesetzlichen und tariflichen Hindernissen wird die unternehmerische Nachfrage nach geringqualifizierter Arbeit infolge von Automation, Auslandsverlagerung der Produktion und Import ausländischer Billigprodukte m.E. weiterhin stark zurückgehen. Zahlreiche Umfragen und aktuelle Presseartikel manifestieren diesen Eindruck.

Zusätzliche Arbeitsplätze für Geringqualifizierte ließen sich stattdessen besonders in personalintensiven Branchen wie dem Einzelhandel, im Reparatur- und Instandhaltungsgewerbe, im Gast- und Tourismusgewerbe sowie bei gemeinschafts- und personenbezogenen sozialen Dienstleistungen schaffen. Der Schwerpunkt läge dabei sicher bei Kleinbetrieben sowie mittelständischen Unternehmen, die auch heute noch laut amtlichen Statistiken über drei Viertel der Arbeitsplätze in Deutschland stellen.

Zweifelsohne ist es geboten, auch die tariflichen und gesetzlichen Rahmenbedingungen für das Arbeitsangebot der privaten Haushalte so auszurichten, dass neben sozialen auch finanzielle Anreize zur Arbeitsaufnahme und kontinuierlichen Erwerbstätigkeit gegeben sind. In der augenblicklichen Situation, bei der es ja bekanntermaßen nicht am Arbeitsangebot, sondern an der Arbeitsnachfrage fehlt, kommt solchen Maßnahmen jedoch nur zeitrangige Bedeutung zu.

---

[14] IWD (1999) - Arbeitskosten je vollbeschäftigten Arbeitnehmer in produzierenden Gewerbe in Deutschland

Wegen der internationalen Wettbewerbssituation auf Arbeits- und Gütermärkten wird m.E. letztlich ohne Tariföffnung im Niedriglohnsektor kein entscheidender, flächendeckender Durchbruch bei der Bekämpfung der Arbeitslosigkeit von Geringqualifizierten möglich sein. Der Wettbewerbsdruck auf inländische Niedriglöhne wird erst nachlassen, wenn die ausländische Anbieter (Mitbewerber) von Arbeit in Deutschland und vor allem in ihren jeweiligen Heimatländern auf höhere Entlohnung bestehen. Dieser zu erwartende Anpassungsprozeß kann jedoch unter Umständen jahre- oder gar jahrzehntelang dauern.

Deshalb ist auch im Rahmen einer existenzsichernden Negativsteuer-Ergänzung von Niedriglöhnen notwendig, die Tariföffnung im Niedriglohnsektor politisch anzustreben. Als Beispiel sei hier das Kombilohn-Modell genannt. Vorzugsweise müssten von diesem Weg die Gewerkschaften als Tarifpartner überzeugt werden. Wenn sich jedoch keine einvernehmliche Lösung erzielen lässt, muss der Gesetzgeber im Interesse des Gemeinwohls darüber nachdenken, die Tarifautonomie soweit einzuschränken. Dass ein solcher staatlicher Eingriff keineswegs geben die grundgesetzlich festgeschriebene Koalitionsfreiheit nach Artikel 9 Absatz 3 verstößt, hat das Bundesverfassungsgericht bereits 1999 festgestellt.[15] Besonders beeindruckend ist folgender erster Leitsatz der Begründung: 'Gesetzliche Regelungen, die befristete Zuschüsse für Arbeitsbeschaffungsmaßnahmen an die Vereinbarung von untertariflichen Entgelten knüpfen, (Lohnabstandsklausel), greifen zwar in die Tarifautonomie der Arbeitnehmerkoalitionen ein, können aber zur Schaffung zusätzlicher Arbeitsplätze in Zeiten hoher Arbeitslosigkeit gerechtfertigt sein.'

Eine Entlassungen vorbeugende, arbeitskostenneutrale Verkürzung der Wochenarbeitszeit von z.B. fünf auf vier Tage erfordert wegen fixer Arbeitskostenbestandteile eine mehr als 20%-ige Bruttolohnreduzierung. Eine solche Lohnreduzierung kann bei den meisten Unternehmen jedoch nicht wie etwa beim Volkswagenwerk in Wolfsburg durch Abbau über- und außertariflicher Lohnzusatzleistungen aufgefangen werden. Anderseits gerieten besonders die Leichtlohnempfänger durch eine mehr als 20%ig-Lohnkürzung stark in Existenznöte. Das Bürgergeld schwächt nun die Lohnkürzungen des Arbeitgebers in eine wesentlich geringere Senkung des verfügbaren Einkommens ab und macht damit die Arbeitszeitverkürzung sozial verträglicher. Wer auf Lohnausgleich verzichtet, verzichtet damit nicht automatisch auch auf einen entsprechenden Einkommensanteil.

---

[15] Bundesverfassungsgericht (1997) - BVG-Az. 1 BvR 2203/93, 1 BvR 897/95 vom 27.04.1999

6.0 Fazit

Abgesehen vom unerwünschten und unerträglichen Ergebnis, dass im 'gesellschaftlichen Verteilungskampf' parlamentarisch unterrepräsentierte oder schlecht organisierte Bevölkerungsgruppen wie Jugendliche, Arbeitslose, Frauen und Kinderreiche oft auf der Strecke bleiben, legt meine Literaturrecherche den Schluss nahe, dass es allein aus strategischen Erwägungen klüger sein kann, die nach mehrheitlicher Überzeugung notwendigen Kursänderungen in der Sozialpolitik als tatsächliche Reform, das heißt fundamental und umfassend anzugehen: Von der Neuordnung wäre dabei dann die gesamte Gesellschaft oder mindestens eine beachtliche Mehrheit der Bürger betroffen.

Ein auf den Niedriglohnsektor beschränktes Bürgergeldkonzept beschreibt m.E. nach einen für alle Beteiligten (Arbeitnehmer, Arbeitgeber, Gewerkschaften) annehmbaren Weg, nicht existenzsichernde Löhne bedarfsgerecht aufzufüllen. Es befreit Leichtlohnempfänger aus dem Dilemma, sich zwischen arbeitsplatzgefährdenden und existenzgefährdenden Löhnen entscheiden zu müssen. Außerdem würde es die Einrichtung von Teilzeitarbeitsplätzen erleichtern. Dies wünschen sich viele Arbeitnehmer bzw. können auf grund persönlicher Gegebenheiten gar nichts anderes annehmen. Ergänzend dazu zöge laut zahlreichen unterschiedlichen Studien eine deutliche Mehrheit der Beschäftigten stets eine erträgliche Einkommenssenkung dem Verlust des Arbeitsplatzes vor.

Die Beschränkung des Empfängerkreises auf z.B. Leichtlohnempfänger senkt das Finanzierungsvolumen des Systems und begrenzt gleichzeitig die Anforderungen an die längerfristig geplante große Steuerreform. Außerdem halte ich die Finanzierung von Arbeitslosigkeit durch die Steuer- und Beitragszahler für weniger sinnvoll, als die Schaffung zusätzlicher Arbeitsplätze durch Lohnzuschüsse. So können bisher in Deutschland nicht ökonomisch durchführbare humane Tätigkeiten wieder von Menschen verrichtet werden.

Natürlich sehe ich dies auch mit einem weinenden Auge: Ich bin der Meinung, die Ressource Mensch sollte möglichst optimal eingesetzt werden. Dies bedeutet auch, ihr nach Möglichkeit anspruchsvolle, nicht von Maschinen ausführbare Tätigkeiten, zu geben. Hier fehlt es jedoch manchen Mitmenschen schlicht an der dafür nötigen Qualifikation. Dies zu ändern ist Aufgabe der (Bildungs-)Politik. Insofern kann dem Bürgergeldsystem als 'Arbeitsplatzbeschaffer' m.E. nur eine temporäre (vorübergehende) Berechtigung zufallen.

Die Begrenzung des Empfängerkreise halte ich allerdings aus genau diesen Gründen für sehr sinnvoll; ein Einstieg zum Ausstieg aus der gesamtgesellschaftlichen Arbeitslosigkeit.

7.0 Literatur

Andel, N.   Finanzwissenschaft. 4. Auflage, Tübingen 1998, diverse

Brümmerhoff, D.   Finanzwissenschaft. 8. Auflage, München/Wien 2001, diverse

BDA[16]   Kombi-Einkommen: Für eine bessere Verzahnung von Arbeitsmarkt
                       und Transfersystemen. Niedriglohnbereiche schaffen – Sozial- und
                       Arbeitslosenhilfe reformieren. BDA-Diskussionspapier, Köln 1997

Der Spiegel   Gegen die Armutsfalle. Problemfall Sozialhilfe: Das Bürgergeld
                       könnte die bisherigen Sozialleistungen ersetzen. Nr. 20/1996, S. 36

DIW[17]   Bürgergeld - Keine Zauberformel. DIW-Wochenbericht 41/94, 61.
                       Jahrgang/1994, S. 689 – 696

Friedman, M.   Kapitalismus und Freiheit. Aus dem Amerikanischen von P.C.
                       Martin: Capitalism and Freedom, Frankfurt 1984, diverse

Hüther, M.   Das Bürgergeld – doch finanzierbar! Gutachten über vorliegende
                       Berechungen zu den fiskalischen Auswirkungen der Einführung eines
                       Bürgergeldes im Auftrag der Friedrich-Ebert-Stiftung, Bonn 1997

Klopfleisch, R./..   Mehr Beschäftigung durch eine negative Einkommensteuer. Zur
                       beschäftigungspolitischen Effektivität eines integrierten Steuer-
                       und Transfersystems. Co-Autoren: Sesselmeier, W. / Setzer, M.,
                       Frankfurt 1996, diverse

Mitschke, J.   Steuer- und Transferordnung aus einem Guss. Entwurf einer
                       Neugestaltung der direkten Steuern und Sozialtransfers in der
                       Bundesrepublik Deutschland. Schriften zur Ordnungspolitik, Band 2,
                       1. Auflage, Baden-Baden 1985, diverse

Stat. Bundesamt   Statistik der Sozialhilfe. Empfänger/ -innen von laufender Hilfe
                       zum Lebensunterhalt am 31.12.1998. Wiesbaden, 1999

Zimmermann, H.   Finanzwissenschaft. Eine Einführung in die Finanzwissenschaft. 8.
                       Auflage, München 2001, diverse

---

[16] Bundesvereinigung der Deutschen Arbeitgeberverbände
[17] Deutsches Institut für Wirtschaftsforschung

8.0 Anhang

8.1 Vereinfachte Grafik –

Positiver vs. negativer Bürgergeldsatz bei Zusatzeinkommen

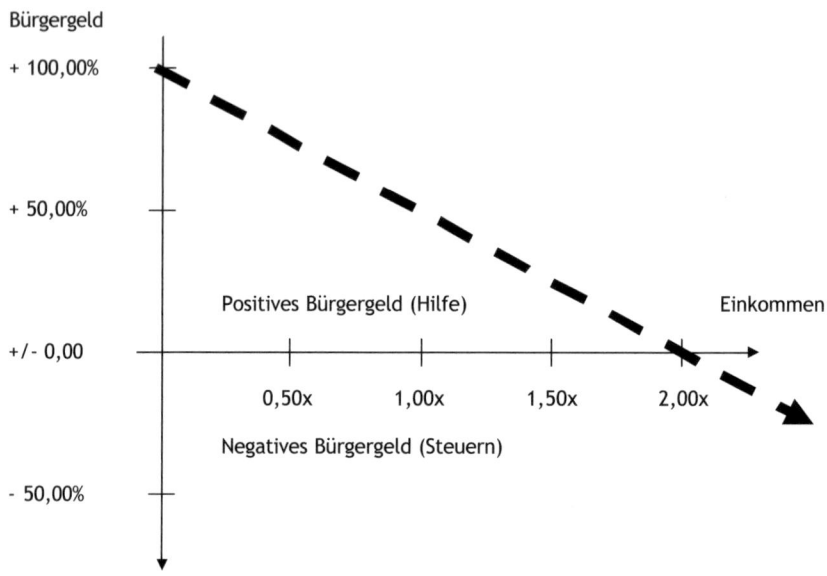

Bürgergeld

+ 100,00%

+ 50,00%

Positives Bürgergeld (Hilfe)   Einkommen

+/- 0,00

0,50x   1,00x   1,50x   2,00x

Negatives Bürgergeld (Steuern)

- 50,00%

Beispiel: Bei einem Eigeneinkommen in Höhe des Bürgergeldsatzes würde der Anspruchsberechtigte dennoch die Hälfte zusätzlich als Unterstützung erhalten. Zusammen also 150% des Satzes. Würde nur die Hilfe in Anspruch genommen würden auch nur 100% fließen.

Wer hingegen das Doppelte des Bürgergeldsatzes verdient bekommt weder Bürgergeld noch muss er welches bezahlen. Bei einem über dem 2x liegenden Einkommen bezahlt man dann für das überschüssige Einkommen Steuern (negatives Bürgergeld):